굿모닝 사회탐구 – 사회 영역

더 빨리 알 수 있어요

글 송영란 | 그림 순미

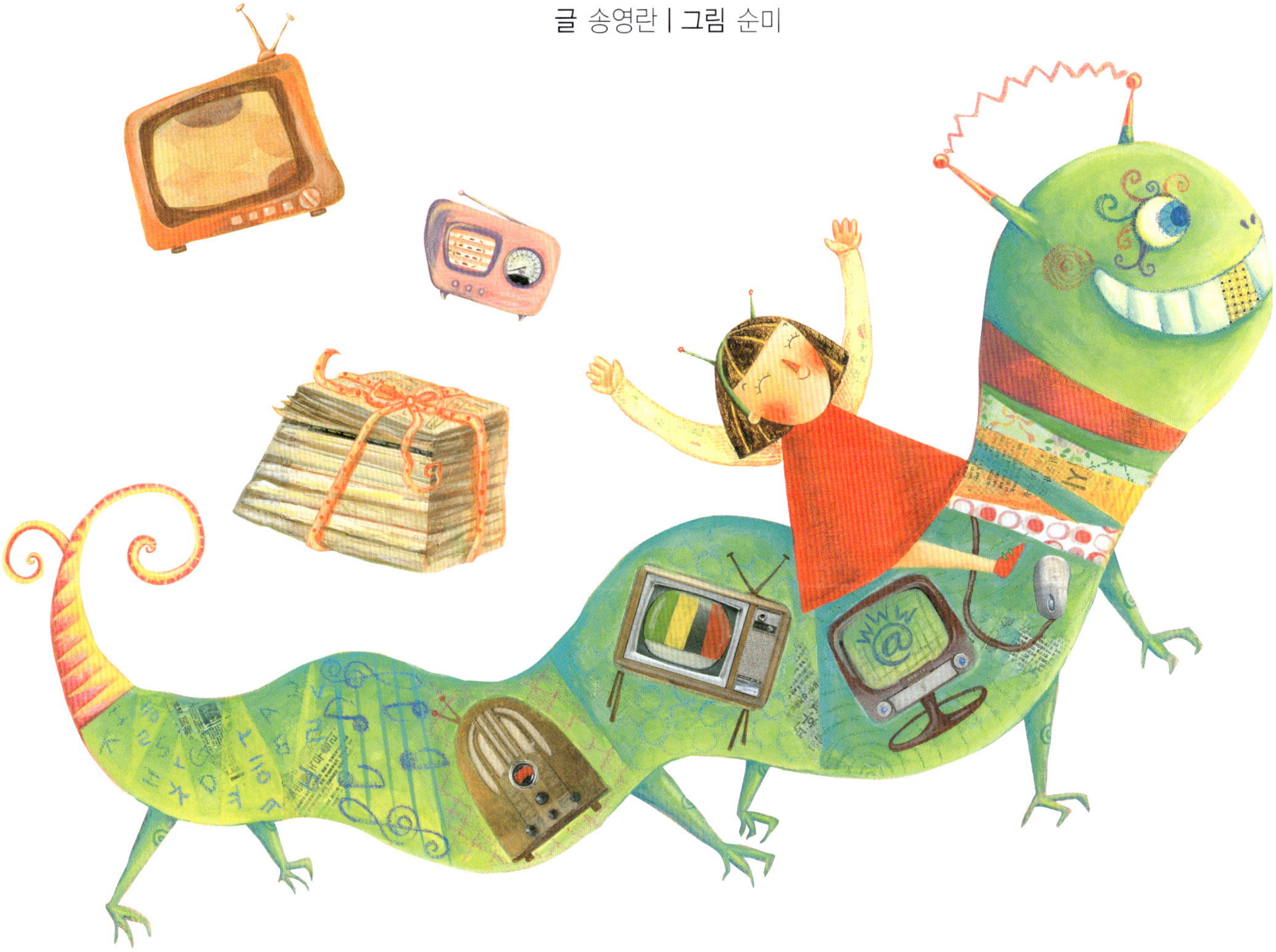

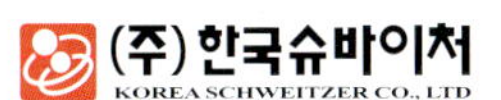

(주)한국슈바이처
KOREA SCHWEITZER CO., LTD

우리는 서울에서 400킬로미터 정도 떨어져 있는
부산에서 일어난 일들을 곧바로 알 수 있어요.
또 비행기를 타고 날아가야 할 만큼 멀리 있는
미국 로스앤젤레스 소식도 금세 알 수 있지요.
우리는 어떻게 멀리 떨어져 있는 곳의 소식을
바로 알게 되었을까요?

160°
140°
120°
100°
80°
60°
Ellesmere I.
USA
Saskat
Regin
Winnipe
Montre
OTTAWA
Chicago
Detroit
Denv
Indianapolis
Charleston
WASHING
St. Louis
Atlanta
Rich
L.A
AIR
Mar
ICAN REPUBLIC
O DOMINGO
ANTIGUA AND BARBUD
ST. JOHNS
TOPER
ROSEAUDOMINICA
BASSETERRE
ASTRIES
BRIDGETOWN BARBADOS
UCIA
ST. VINCENT AND THE GR
KINGSTOWN
PORT OF SPAIN
ZUELA
TRINIDAD AND TOBAGO
GEORGETOWN

5

옛날에는 사람들이 직접 만나 새로운
소식을 듣거나 전했어요.
또 산골짜기에서 산골짜기로 크게 소리를 질러 멀리
떨어진 곳까지 소식을 전달하기도 했지요.
실제로 로마 시대에는 이러한 방법을 이용해서 전쟁과
같은 위급한 상황을 12시간 만에 270킬로미터 밖까지
알렸대요.

지식 플러스

전쟁을 알리는 연기

옛날에는 연기와 횃불로도 소식을 전했어요.
나라에 외적이 침입했거나 난리가 일어났을 때 밤에는
불을 피워 올리고, 낮에는 연기를 피워 올렸지요.
이렇게 불을 피워 올리는 곳을 '봉수대'라고 불렀어요.
봉수대는 멀리서도 볼 수 있도록 산봉우리에 설치되었
답니다.

봉수대

6
15

270km
200km
250km
7

기원전 490년, 마라톤 평원에서 그리스 병사들이 페르시아
군대와 전쟁을 벌여 큰 승리를 거둔 일이 있었어요.
이때 한 그리스 병사가 승전 소식을 알리기 위해 마라톤
평원에서 아테네까지 약 40킬로미터를 달려가 소식을 전했지요.

지식 플러스

올림픽의 꽃, 마라톤

마라톤 평원에서 거둔 승리의 소식을 아테네에 있는
시민들에게 전하기 위해 약 40킬로미터를 달려간
그리스 병사의 이야기에서 유래한 마라톤은 제1회
아테네 올림픽부터 육상 종목으로 채택되었어요.
그 뒤, 제8회 파리 올림픽부터 42.195킬로미터가
마라톤의 정식 거리로 정해졌어요.

마라톤

하지만 모든 것을 기억해서 전달하는 것이 쉽지 않았기 때문에
사람들은 쉽게 기억할 수 있는 방법을 찾아야 했어요.
그래서 여러 가지 소식을 시나 노래로 만들고는 했지요.
특히 여기저기를 돌아다니는 방랑 시인*들이 시나 노래에 소식을
담아 전국 방방곡곡에 전달하며 다녔다고 해요.

*방랑 시인 : 정한 곳 없이 이곳저곳을 떠돌아다니는 시인.

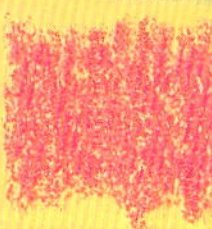

하지만 이렇게 사람들의 입에서 입으로 소식이 전해지다 보니
처음에 전하려고 했던 이야기가 중간에 바뀌기도 했어요.

그래서 정확한 소식을 전하기가 쉽지 않았지요.
이에 사람들은 다른 방법을 찾기 시작했어요.

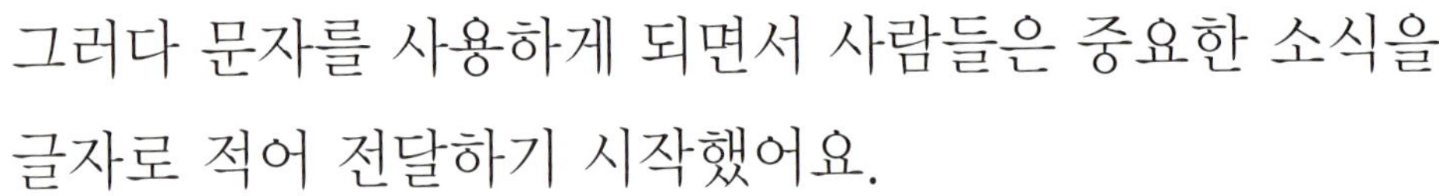

그러다 문자를 사용하게 되면서 사람들은 중요한 소식을
글자로 적어 전달하기 시작했어요.
기원전 60년, 로마 집정관* 카이사르는 광장에 석고판을
설치하고 중요한 소식을 조각해서 사람들에게 알렸지요.
마치 오늘날의 신문처럼 말이에요.

*집정관 : 정치상의 권력을 잡고 있는 관리.

지식 플러스

우리나라 신문의 역사

독립신문 창간호

조선 시대에도 〈조보〉라는 신문이 있었다고 해요.
하지만 인쇄 기술을 이용하고 일반 사람들을 위해 만든
근대 신문은 1883년에 만들어진 〈한성순보〉가 최초예요.
그 후, 한글과 한문을 혼용한 〈한성주보〉가 나왔고,
1896년에는 서재필이 만든 최초의 민간 신문 〈독립신문〉
이 나왔답니다.

지식 플러스

역참 제도와 파발 제도

역참 제도는 사람이 직접 걸어가 소식을 전하거나
급할 때에는 말을 타고 가서 소식을 전했던 옛날의
통신 수단이에요. 신라 때부터 발달한 역참은 중앙
과 지방을 오가면서 소식을 전하는 역할 외에 공문
서를 나르는 역할도 했지요. 이것을 조선 시대에는
'파발 제도' 라고 불렀지요.
파발 제도는 조선 시대 말까지 사용되다가 서양에서
전신과 전화가 들어오면서 서서히 사라져 갔어요.

마패

옛날에는 양반이나 귀족들만 교육을 받을 수 있었어요.
반면, 평민들은 교육을 받을 기회가 없었기 때문에 글을 몰랐지요.
그래서 처음의 신문은 양반이나 귀족들이 나라에서 결정한 일을
관청이나 지방에 알리는 데 사용됐어요.
그러나 점차 교육을 받는 사람들이 많아져 글자를 읽을 수
있는 사람들이 늘어나면서 더 많은 사람들과
새로운 소식이나 정보를 나눌 수
있게 되었지요.

일간지는 독자들에게 정보를 신속하게 전달하기 위하여 매일 발행하는 신문이에요. 주간지는 일주일에 한 번 발행하는 신문이고요. 또 신문은 싣고 있는 내용에 따라 종합지, 경제지, 스포츠 신문 등으로 나뉘어요.

종합지는 사회에서 일어나는 모든 영역을 기사로 만드는 신문이에요. 이에 반해 경제와 관련된 기사를 싣는 경제지와 스포츠와 연예 등의 기사를 싣는 스포츠 신문이 있어요.

최근에는 정보 통신의 발달로 인터넷 신문도 독자들의 사랑을 받고 있어요.

인쇄 기술의 발명은 정보를 전달할 수 있는 기술 발달에 엄청난 변화를 가져왔어요. 빠른 시간 안에 같은 내용을 대량으로 인쇄할 수 있게 되었고, 교통과 통신의 발달로 신문 배달이 체계화되면서 매일 신문을 제작하여 그날그날 배달할 수 있게 되었지요.

또 자신의 생각이나 느낌을 자유롭게 표현할 권리가 보장되면서 다양한 종류의 신문들이 많이 생겨나게 되었어요.

MAUI STYLE
ANJELICA HUSTON
the house and the sea.

한편, 1906년, 레지날드 페센덴의 최초 라디오 방송이
성공을 거두었고, 1930년대 말에 이르러 라디오가
세계적인 표준 방송 방식으로 자리 잡았지요.
하지만 사람들은 좀 더 발전된 방송 기술을 원했어요.
이제는 귀로는 듣고, 눈으로는 볼 수 있는 기술이
발명되기를 바랐던 것이지요.

1931년 미국에서 첫 텔레비전 시험 방송이 시작된 후,
1937년에는 영국 비비시(BBC) 방송국이 세계 최초로
흑백텔레비전 방송을 시작했어요.
텔레비전이란 말은 그리스 어 '멀리(tele)'와 라틴 어
'본다(vision)'가 합쳐진 것으로, 멀리 있는 것을 볼 수
있다는 뜻이에요.
우리나라는 1956년 5월 12일에 세계에서 15번째로
텔레비전 전파를 발사했어요.

지식 플러스

손 안의 텔레비전, 디엠비(DMB)

DMB

요즘은 가정에서뿐만 아니라 이동을 하면서
도 텔레비전을 볼 수 있어요.
바로, 디엠비(DMB : 디지털 멀티미디어 방송)
서비스가 시작되었기 때문이에요. 이것은 방
송과 통신 기술이 결합된 것으로, 이동 중에
도 방송을 시청할 수 있게 해 주지요.

BBC
BBC
CH.
VOL.
23

이렇게 해서 사람들은 신문과 라디오, 텔레비전을 통해서 새로운
소식을 주고받을 수 있게 되었어요.

하지만 사람들은 여기에 만족하지 않고 더욱 발전된 기술을 원했어요.
언제 어디서나 소식을 주고받는 것이 가능한 방법을 찾고 싶어 했지요.

오늘날 우리가 사용하고 있는 인터넷이 바로 사람들의
이러한 바람을 실현해 주고 있어요.
인터넷은 시간과 공간을 초월해 사람과 사람, 사람과 정보를
이어 주는 통신 수단으로 최근 가장 많이 이용되고 있지요.
많은 정보를 신속하게 얻을 수 있을 뿐 아니라 다른
사람들에게 정보를 전달할 수도 있어 양 방향 정보
전달이 가능하게 되었지요.

정보를 필요로 하는 사람에게 여러 가지 정보를 신속하고
정확하게 전달해 주는 것을 '정보 통신'이라고 해요.
한 번 생긴 정보가 계속해서 전해지고 거의 변하지 않았던 옛날과 달리
오늘날에는 하루가 다르게 새로운 정보들이 쏟아져 나오고 있어요.
게다가 정보를 전달하는 속도도 매우 빨라져서 이제는 지구 반대편에서
일어나는 일도 곧바로 알 수 있게 되었지요.
이와 같이 정보 통신의 발달은 우리의 생활을 편리하게 도와줄 뿐만 아니라
우리 생활의 많은 부분을 바꾸어 놓았답니다.

지식 플러스

와이브로가 뭐예요?

와이브로는 이동하면서도 초고속 인터넷을 이용할 수 있는
무선 인터넷 서비스를 말해요.
기존 인터넷은 이동 중에는 사용할 수 없었어요.
하지만 와이브로의 출현으로 언제 어디서나 인터넷 정보를
검색하고 주고받을 수 있게 되었지요.

와이브로

정보 통신 산업이란? 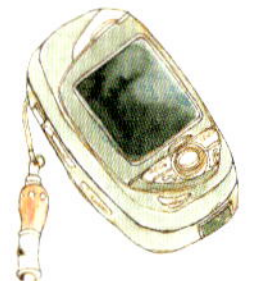

정보 통신 산업이란, 정보 처리와 통신 기술을 바탕으로 다양한 정보를 신속하고 정확하게 전달하는 산업을 말해요. 즉, 정보 사회에서 컴퓨터와 통신 기술을 결합하여 정보를 생산해 내고 전달하는 것을 말하지요. 정보 통신은 문자와 음성, 화상, 영상뿐 아니라 이들을 통합한 멀티미디어 정보까지 전달하고 처리한답니다.

정보 통신 산업의 특징

- 거리와 시간에 상관없이 정보를 빠르게 전달해요.
- 전산망을 이용하여 모두가 함께 사용할 수 있어요.
- 시간과 횟수에 관계없이 같은 내용을 반복해서 전달할 수 있어요.
- 여러 방향으로 정보를 전달할 수 있어요.

정보 통신 산업은 어떻게 발전했을까?

1880년대 이전

봉수대 고대의 통신 방식 가운데 가장 과학적이며 체계적인 제도예요. 낮에는 연기, 밤에는 불빛에 정보의 내용을 담아 먼 거리까지 신속하게 전달했지요. 연기 또는 불빛을 인근의 봉수대에 차례로 전달하여 소식이 멀리까지 이르게 했답니다.

용고 북은 악기지만 통신 수단으로써의 역할도 했어요. 특히, 전쟁이 일어났을 때 많이 사용되었지요.

용고 ▶ 

신호연 연을 띄워 소식이나 군사 정보 등을 전달하기도 했어요. 전쟁 때 연의 무늬와 색깔에 따라 행동했지요.

– 여러 종류의 신호연 –

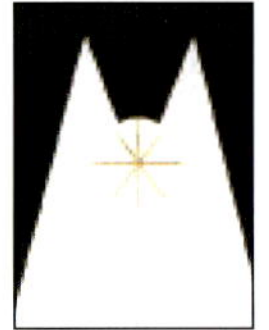     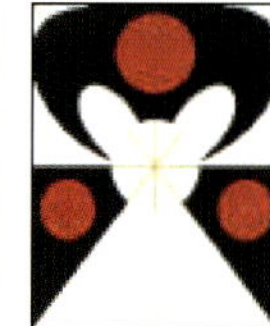

| 삼봉산연 | 이봉산연 | 기봉산눈쟁이연 | 기바리눈쟁이연 | 아래갈치당가리연 | 수리당가리연 | 치마머리연 | 긴고리연 | 돌쪽바지기눈쟁이연 |

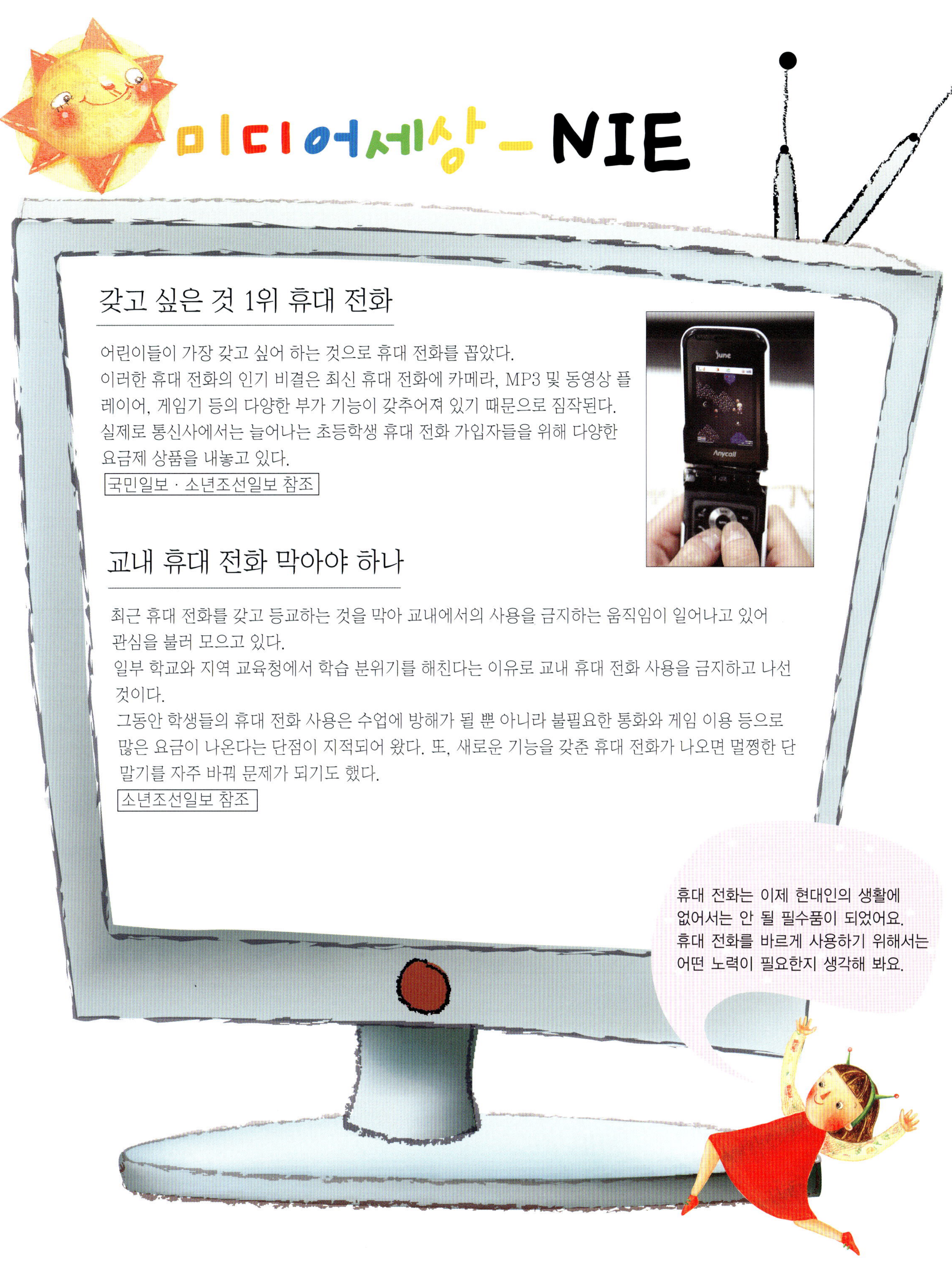

갖고 싶은 것 1위 휴대 전화

어린이들이 가장 갖고 싶어 하는 것으로 휴대 전화를 꼽았다.
이러한 휴대 전화의 인기 비결은 최신 휴대 전화에 카메라, MP3 및 동영상 플레이어, 게임기 등의 다양한 부가 기능이 갖추어져 있기 때문으로 짐작된다.
실제로 통신사에서는 늘어나는 초등학생 휴대 전화 가입자들을 위해 다양한 요금제 상품을 내놓고 있다.

국민일보 · 소년조선일보 참조

교내 휴대 전화 막아야 하나

최근 휴대 전화를 갖고 등교하는 것을 막아 교내에서의 사용을 금지하는 움직임이 일어나고 있어 관심을 불러 모으고 있다.
일부 학교와 지역 교육청에서 학습 분위기를 해친다는 이유로 교내 휴대 전화 사용을 금지하고 나선 것이다.
그동안 학생들의 휴대 전화 사용은 수업에 방해가 될 뿐 아니라 불필요한 통화와 게임 이용 등으로 많은 요금이 나온다는 단점이 지적되어 왔다. 또, 새로운 기능을 갖춘 휴대 전화가 나오면 멀쩡한 단말기를 자주 바꿔 문제가 되기도 했다.

소년조선일보 참조

정보 통신 산업의 활용

컴퓨터나 휴대 전화 같은 정보 통신 기기의 발달과 지식 정보 산업의 발달로 우리의 생활 모습도 달라졌어요.
시간과 공간에 구애 없이 언제 어디서든 원하는 자료를 얻을 수 있게 되었고, 여러 분야의 서비스를 편리하게
이용할 수 있게 되어 생활 속도도 빨라졌지요.

원하는 공부를 할 수 있어요

정보 통신을 활용하면 때와 장소를 가릴 것 없이 동영상을 통해 하고자 하는 공부를
할 수 있어요.
또, 이해가 가지 않는 부분은 몇 번이고 반복해서 들을 수도 있지요.

동영상 강의

은행에 갈 필요가 없어요

전화와 인터넷 등의 통신 수단의 발달로 은행에 가지 않고도 통장의 잔고를 확인할 수
있고, 돈을 보낼 수도 있게 되었어요. 이러한 발달로 시간을 절약할 수 있게 되었답니다.

인터넷 뱅킹

집에서도 물건을 구입할 수 있어요

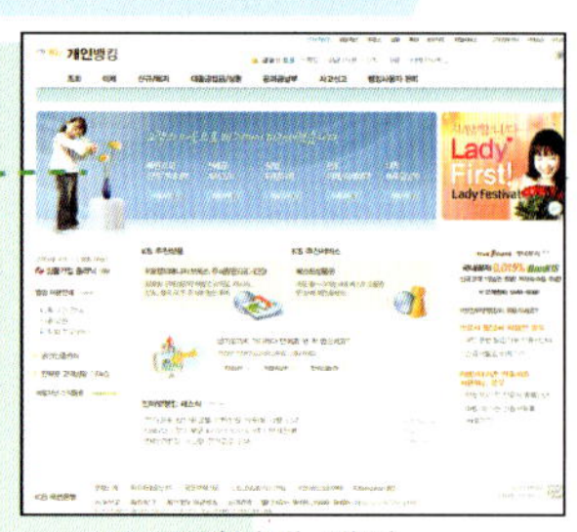

정보 통신의 발달로 인터넷이나 텔레비전 등으로 물건을 구매하는 경우가 늘어났어요.
사고자 하는 상품의 정보를 알고, 가격도 비교해 가며 조목조목 따져 주문할 수 있지요.

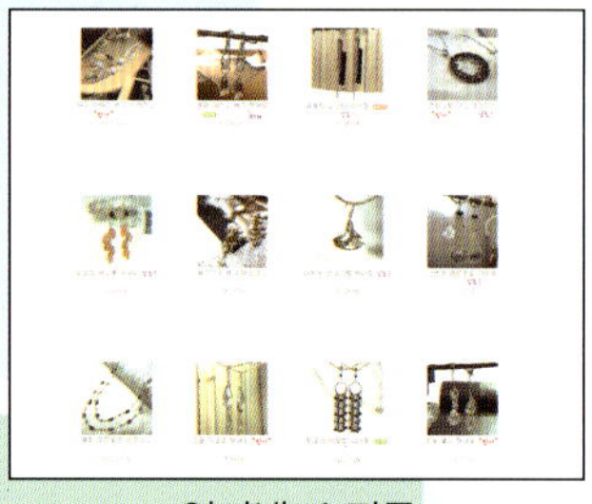

인터넷 쇼핑몰

다양하게 의사소통할 수 있어요

인터넷 채팅이나 개인 홈페이지 등을 통해 여러 사람들과 다양하게 의사소통을 할 수 있게 되었어요.
이로써 여러 분야의 사람들과 사귈 수 있게 되었지요.

자신의 뜻을 알릴 수 있어요

인터넷 게시판이나 설문 조사 등에 참여함으로써 자신의 의견을 알릴 수 있어요.

전보 전기를 이용해 편지를 보낼 수 있는 기술이에요. 처음에는 국내에서만 사용 가능한 기술이었지만, 나중에는 외국에까지 전보를 보낼 수 있었지요.

우편 1884년에 우리나라 최초의 우체국인 '우정총국'이 설립되면서 우편 업무가 시작되었어요. 또 최초의 근대 우표가 발행되기도 했고요. 갑신정변 이후 없어졌다가 1893년에 '전우총국'이란 이름으로 다시 우편 업무가 시작되어, 편지와 소포, 전보 등을 전달했어요.

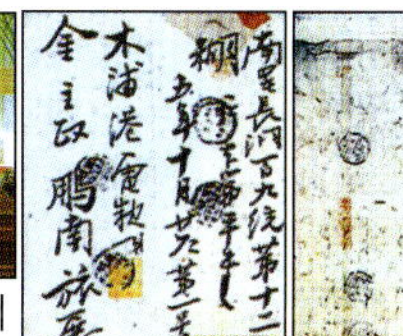

전신기

조선 말기에 사용되었던 전보

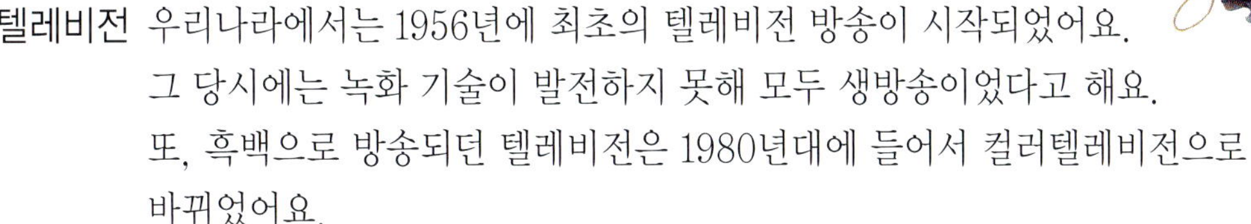

초기의 전화기

전화 초기의 전화는 지금과는 많이 달랐어요. 처음에는 전화를 걸면 교환원이 나와 전화를 연결시켜 주었어요. 그러던 것이 교환원 없이 연결되는 자동 전화로 발전했고, 국제 전화도 가능해지면서 오늘날 중요한 통신 수단이 되었지요.

흑백텔레비전

텔레비전 우리나라에서는 1956년에 최초의 텔레비전 방송이 시작되었어요. 그 당시에는 녹화 기술이 발전하지 못해 모두 생방송이었다고 해요. 또, 흑백으로 방송되던 텔레비전은 1980년대에 들어서 컬러텔레비전으로 바뀌었어요.

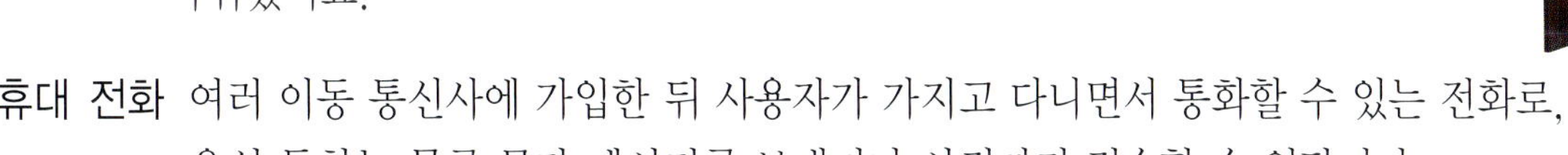

휴대 전화 여러 이동 통신사에 가입한 뒤 사용자가 가지고 다니면서 통화할 수 있는 전화로, 음성 통화는 물론 문자 메시지를 보내거나 사진까지 전송할 수 있답니다.

인터넷 1982년에 처음 인터넷이 개통되었지만, 이때에는 정부 기관에서만 이용했어요. 1994년이 되어서야 일반 국민들도 인터넷을 이용할 수 있게 되었지요.

디엠비(DMB) 이동 통신과 방송이 결합된 새로운 방송 서비스로, 휴대 전화나 피디에이(PDA)를 통해 다양한 멀티미디어 방송을 볼 수 있게 되었지요.

무선 인터넷(와이브로) 우리나라는 2005년에 세계 최초로 무선 인터넷 서비스를 전 세계에 선보였어요. 이 서비스로 이동하면서도 초고속 인터넷을 사용할 수 있게 되었지요.

라디오 사연

친구를 찾고 싶습니다

생글생글 라디오 진행자님께.

안녕하세요? 저는 ○○ 초등학교 3학년 4반 김민철입니다.

제가 이렇게 사연을 보낸 것은 이름 모를 친구를 찾아 고맙고 미안했다는 사과를 꼭 하고 싶어서입니다.

얼마 전 학교에서 소풍 갔을 때의 일입니다.

저는 친구들과 정신없이 노느라 지갑이 없어진 것도 몰랐습니다.

그때, 한 낯선 아이가 제게 지갑을 건네주며 이렇게 말했습니다.

"이거 네 지갑 맞지? 네 뒤에 떨어져 있더라."

"네가 이걸 왜 가지고 있어? 혹시 내 지갑 훔친 거 아냐?"

저는 고맙다는 인사는커녕 지갑을 홱 낚아채고는 그 아이를 의심하기 시작했어요.

결국 그 아이는 울음을 터뜨리며 어디론가 달려갔습니다.

잠시 후, 저는 제 행동에 대해 후회하게 되었습니다.

친구 영수가 장난삼아 제 지갑을 빼다가 땅바닥에 떨어뜨렸다는 것을 알게 되었거든요.

저는 그 아이를 찾아 이곳저곳 헤맸지만 끝내 찾지 못했지요.

요즘은 아이들도 라디오와 인터넷 등 대중 매체를 많이 활용하기 때문에 친구를 찾는 데 드는 시간을 줄일 수 있을 것 같아 이렇게 사연을 보내게 되었습니다.

편지 한 통으로 그 친구의 마음이 풀리지는 않겠지만, 연락이 닿아 직접 사과할 수만 있다면 좋겠습니다.

이름 모를 그 친구가 이 방송을 꼭 들었으면 좋겠네요.

그럼 안녕히 계세요.

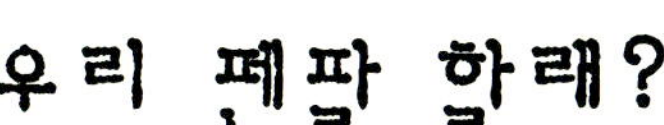

이메일

우리 펜팔 할래?

민철아, 안녕! 내 이름은 최경은이야.

라디오에서 네 사연을 듣고 방송국에 전화해 네 연락처를 물었더니 이메일 주소를 가르쳐 주더라.

그날, 내게 미안했나 보구나? 괜찮아.

그건 그렇고 정보 통신의 발달이 좋구나. 이름도 모르는 친구도 찾고, 방송도 타고. 옛날 같으면 꿈도 못 꿀 일이었을 텐데 말이야.

옛날 사람들은 정보를 대부분 입에서 입으로 전달했다고 해.

그러다 보니 정확한 소식을 전할 수가 없었대. 그러다 문자를 사용하게 되었고, 오늘날의 신문이 만들어졌지.

하지만 얼마 되지 않아 사람들은 더욱더 빠르게 새로운 소식과 정보를 접할 수 있는 매체를 원했어. 그래서 라디오와 텔레비전, 인터넷이 등장하게 되었지.

인터넷의 등장은 우리 생활의 많은 부분을 바꿔 놓았어.

무엇보다 다양한 방식으로 의사소통할 수 있게 되었고, 시간과 공간을 초월하여 많은 양의 정보를 편리하게 얻을 수 있게 되었지.

이러한 인터넷 서비스를 이용함으로써 우리의 생활은 보다 편리해졌고, 또 생활 속도도 빨라졌어.

요즘은 지구 반대편에서 일어나는 일도 금세 알 수 있잖아. 정보 통신이 그만큼 우리의 생활을 돕고 있고, 또 생활 깊숙이 들어와 있다는 거지. 우리도 이메일을 주고받거나 온라인 게임 등을 하며 인터넷 서비스를 이용하고 있잖아.

그런데 그거 아니? 인터넷 메일의 사용이 늘면서 우표 사용량이 많이 줄었대.

그래서 말인데, 우리 펜팔 할래? 때로는 정성이 담긴 손때 묻은 편지를 주고받으며 추억을 만드는 것도 좋잖아.

그럼 답장 기다릴게.

사이버정보통신박물관

http://museum.kt.com

사이버 공간에 우리나라 정보 통신 역사와 통신 서비스의 변화 등을 생생하게 체험할 수 있는 정보통신박물관이 있다는 사실을 알고 있나요?

이 박물관에서는 게임을 통해 정보 통신 상식을 쌓을 수 있도록 가상체험관, 학습관, 역사관, 전시관, 자료관 등으로 구성되어 있어요.

가상체험관에서는 게임 속 주인공이 되어 실존했던 인물이나 다양한 사건을 만나고, 그때마다 주어지는 과제를 하나씩 해결하는 과정을 통해 자연스럽게 정보 통신 기술과 역사에 대한 지식을 쌓을 수 있어요.

학습관은 동화처럼 구성되어 있어 정보 통신에 대해 쉽고 재미있게 학습할 수 있도록 꾸며졌어요. 또 역사관과 전시관에서는 우리나라 정보 통신 역사와 통신 서비스의 변화를 한눈에 살펴보고 비교할 수 있도록 사진과 동영상 등을 제공하고 있어요.

이 외에도 정보 통신 용어 사전과 신문 기사 등 정보 통신에 관한 다양한 자료들을 검색할 수 있는 자료관도 갖추고 있답니다.

게임을 하면서 정보 통신 상식도 익힐 수 있어요!

● 관람 안내

홈페이지 http://museum.kt.com